IK HOU ERVAN DE WAARHEID TE VERTELLEN
I LOVE TO TELL THE TRUTH

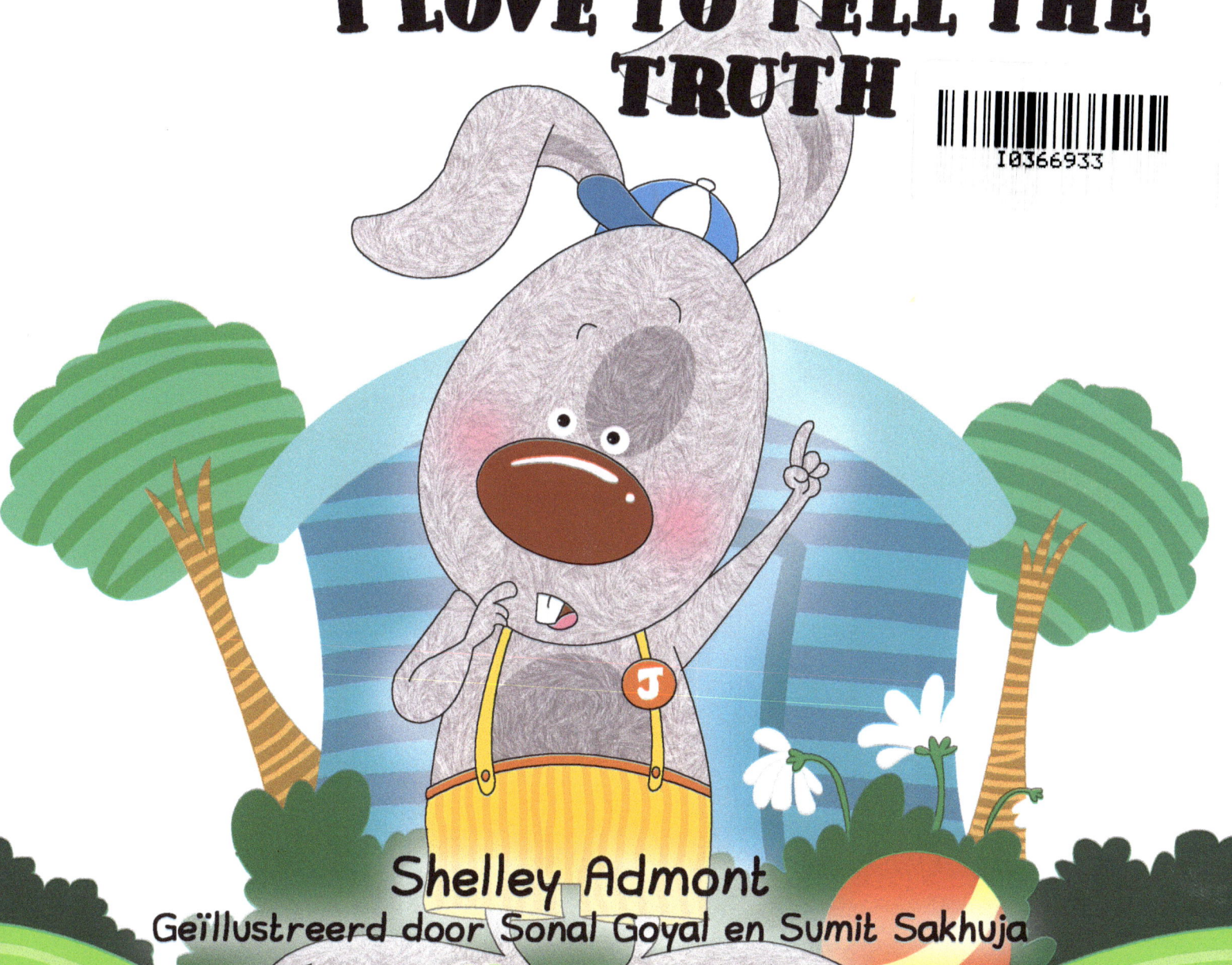

Shelley Admont
Geïllustreerd door Sonal Goyal en Sumit Sakhuja

www.kidkiddos.com
Copyright©2015 by S.A.Publishing ©2017 by KidKiddos Books Ltd.
support@kidkiddos.com

All rights reserved. No part of this book may be reproduced in any form or by any electronic or mechanical means, including information storage and retrieval systems, without written permission from the publisher or author, except in the case of a reviewer, who may quote brief passages embodied in critical articles or in a review. Alle rechten voorbehouden. Niets uit deze uitgave mag worden verveelvoudigd, opgeslagen in een geautomatiseerd gegevensbestand, of openbaar gemaakt, in enige vorm of op enige wijze, hetzij elektronisch, mechanisch, door printouts, kopieën, of op welke andere manier dan ook, zonder voorafgaande schriftelijke toestemming van de uitgever.

First edition, 2019

Translated from English by Marcella Oleman
Vertaald vanuit het Engels door Marcella Oleman

Library and Archives Canada Cataloguing in Publication
I Love to Tell the Truth (Dutch English Bilingual Edition)/ Shelley Admont
ISBN: 978-1-5259-1340-2 paperback
ISBN: 978-1-5259-1341-9 hardcover
ISBN: 978-1-5259-1339-6 eBook

Please note that the Dutch and English versions of the story have been written to be as close as possible. However, in some cases they differ in order to accommodate nuances and fluidity of each language.

Voor degenen die ik het meeste liefheb-S.A.
For those I love the most-S.A.

Het was een prachtige zomerdag. De zon scheen volop. De vogels tjilpten. De vlinders en bijen waren druk bezig met de kleurrijke bloemen.

It was a beautiful summer day. The sun was shining brightly. The birds were chirping. The butterflies and the bees were busy visiting the colorful flowers.

Konijntje Jimmy speelde samen met zijn twee oudere broers in de achtertuin met de bal. Hun moeder gaf haar favoriete madeliefjes water.

Little bunny Jimmy was playing ball in the backyard with his two older brothers. Their mom was watering her favorite daisies.

"Kom niet te dicht bij de bloemen, jongens,"   zei mama.
"Be careful not to go near my flowers, boys," said mom.

"Natuurlijk niet, mama," gilde Jimmy.
"Sure mom," yelled Jimmy.

"Ik zal je madeliefjes niet aanraken," voegde de middelste broer daaraan toe.
"I won't touch your daises mom," added the middle brother.

"Maak je geen zorgen, mama," zei de oudste broer. "Je madeliefjes zijn veilig bij ons."
"Don't worry mom," said the oldest brother. "Your daisies are safe with us."

Mama ging terug naar binnen terwijl de broers buiten bleven spelen.
Mom went back to the house while the brothers continued to play outside.

"Hé, laten we nu een ander spel spelen," zei de oudste broer terwijl hij de bal ronddraaide.
"Hey, let's play a different game now," said the oldest brother, twisting the ball.

"Wat voor een spel?" vroeg Jimmy.
"What game?" asked Jimmy.

De oudste broer dacht even na. "Laten we de bal in de lucht gooien en kijken wie hem als eerste vangt."
The oldest brother thought for a second. "Let's toss the ball in the air and see who gets to catch it first."

"Dat vind ik leuk," zei Jimmy vrolijk.
"I like that," said Jimmy cheerfully.

"Laten we beginnen," schreeuwde de middelste broer. "Gooi de bal."
"Let's start," cried the middle brother. "Throw the ball now."

De oudste broer gooide de bal zo hard als hij kon de lucht in.
The oldest brother threw the ball up in the air as hard as he could.

Met hun mondjes wijd open bekeken alle konijntjes hoe snel de grote oranje bal omhoogvloog.
All the bunnies looked up with their mouths open as the big orange ball quickly flew up. Soon, it began to fall back towards the ground.

Met uitgestrekte handen wachtten de broertjes enthousiast op de bal.
Stretching out their hands, the brothers waited eagerly.

Toen de bal de grond bijna raakte, renden de oudere broers erheen om hem te vangen.

When the ball was about to hit the ground, the older brothers ran to catch it.

In een oogwenk sprong Jimmy naar voren en greep de bal voordat zij deden. "Hoera! Ik heb gewonnen!"

In a flash, Jimmy leapt forward and reached the ball before them. "Hurray! I win!"

Hij sprong rond van vreugde en begon opgewonden door de achtertuin te rennen.

He jumped in joy and started to run around the backyard in excitement.

Plotseling struikelde hij over een keitje en viel plat op de grond … precies middenin de favoriete madeliefjes van zijn moeder.

Suddenly, he tripped over a small rock and fell flat on the ground … right in the middle of his mom's favorite daisy plants.

"Au!" schreeuwde Jimmy, terwijl hij zijn hoofd optilde uit de natte grond.

"Ouch!" yelled Jimmy, lifting his head out of the wet soil.

Zijn oudste broer rende naar hem toe en hielp hem overeind. "Jimmy, heb je je bezeerd?" vroeg hij.

His oldest brother ran over and helped him back to his feet. "Jimmy, are you hurt?" he asked.

"Nee, ik denk dat het goed met me gaat," zei Jimmy.

"No… I think I'm fine," said Jimmy.

De drie konijntjes keken droevig naar hun moeders favoriete bloemen die nu platgedrukt waren.

All three bunnies looked sadly at their mom's favorite flowers, which were now crushed.

"Mama zal hier niet blij mee zijn," mompelde de oudste broer zachtjes.

"Mom will not be happy to see this," murmured the oldest brother quietly.

"Dat is zeker," knikte de middelste broer.

"That's for sure," agreed the middle brother.

"Alsjeblieft, alsjeblieft, zeg niet tegen mama dat ik dit heb gedaan. Alsjebliiiieeeeft …" smeekte Jimmy, terwijl hij langzaam van de vernielde bloemen wegliep.

"Please, please, don't tell mom that I did this. Pleeeeeaaaase…" begged Jimmy, slowly moving away from the ruined daisies.

Op dat moment kwam hun moeder het huis uit rennen. "Kinderen, wat is er gebeurd? Ik hoorde iemand schreeuwen. Zijn jullie allemaal in orde?"

That moment, their mom came running out from the house. "Kids, what happened? I just heard someone scream. Are you all OK?"

"Het gaat goed met ons, mama," zei de oudste broer. "Maar je bloemen …"

"We're fine, mom" said the oldest brother. "But your flowers…"

Tot dan toe had hun moeder niet opgemerkt dat het bloemperk vernield was. Ze zuchtte. "Hoe is dit gebeurd?" vroeg ze, terwijl ze haar schouders liet zakken.

It wasn't until that moment that their mom noticed the ruined flowerbed. She sighed. "How did this happen?" she asked, her shoulders drooping.

"Het waren aliens," antwoordde Jimmy snel. "Ze kwamen van … vanaf daar…" Hij wees naar de lucht. *"Ik zag ze in de tuin over je madeliefjes lopen. Echt, mama."*

"It was aliens," Jimmy hastened to answer. "They came from… out there…" He pointed to the sky. "I saw them walking over your little daisy garden. Really, mom."

Mama trok haar wenkbrauw op en keek Jimmy recht in zijn ogen aan. "Aliens?"

Mom raised her eyebrow and looked into Jimmy's eyes. "Aliens?"

"Ja, en ze vlogen weg in hun ruimteschip."

"Yes, and they flew away in their spaceship."

Mama zuchtte weer. "Het is maar goed dat ze zijn weggevlogen," zei mama, "want het is tijd voor het avondeten. Vergeet niet je handen te wassen. En Jimmy…"

Mom sighed again. "It's good that they flew away," she said, "because now it's time for dinner. Don't forget to wash your hands. And Jimmy…"

"Ja, mama," zei Jimmy.
"Yes, mom," said Jimmy.

"Was ook je gezicht," voegde ze daaraan toe.
"Go wash your face too," she added.

Tijdens het avondeten was Jimmy erg stil. Hij voelde zich ongemakkelijk. Hij kon niet eten en niet drinken. Hij wilde zelfs geen hapje van zijn favoriete worteltaart.

During the dinner, Jimmy was very quiet. He felt uncomfortable. He couldn't eat and he couldn't drink. He didn't even want to try his favorite carrot cake.

's Nachts kon Jimmy niet slapen. Iets voelde niet goed. Hij stond op en ging hij naar het bed van zijn oudste broer.

At night, Jimmy couldn't sleep. Something didn't feel right. Getting up, he approached his oldest brother's bed.

"Hé, slaap je?" fluisterde hij.

"Hey, are you sleeping?" he whispered.

"Jimmy, wat is er gebeurd?" mompelde zijn oudste broer, terwijl hij langzaam zijn slaperige ogen openende. "Ga terug naar je bed."

"Jimmy, what happened?" mumbled his oldest brother, slowly opening his sleepy eyes. "Go back to your bed."

"Ik kan niet slapen. Ik moet steeds aan mama's bloemen denken," zei Jimmy zachtjes. "Ik had beter op moeten letten."

"I can't sleep. I keep thinking about mom's flowers," said Jimmy quietly. "I should have been careful with them."

"Oh, dat was een ongeluk", zei de oudste broer. "Maak je geen zorgen. Ga slapen!"
"Oh, that was an accident," said the oldest brother. "Don't worry. Go back to sleep!"

"Maar ik had niet tegen mama moeten liegen", zei Jimmy, die er nog steeds stond.
"But I should not have lied to mom," said Jimmy still staying there.

De oudste broer ging rechtop in bed zitten. "Ja", knikte hij. "Je had haar de waarheid moeten vertellen."
The oldest brother sat up on his bed. "Yes," he agreed. "You should have told her the truth."

"Ik weet het", zei Jimmy. Hij haalde zijn schouders op. "Wat moet ik nu doen?"
"I know," said Jimmy, shrugging his shoulders. "What am I going to do now?"

"Je gaat nu eerst slapen. En morgenvroeg vertel je mama de waarheid. Afgesproken?"
"For now, go to sleep. And in the morning, you will tell mom the truth. Deal?"

"Oké", zei Jimmy en hij slofte langzaam terug naar zijn bed.
"OK," said Jimmy and he trudged slowly to his bed.

De volgende ochtend werd hij heel vroeg wakker. Hij sprong uit zijn bed en rende weg, op zoek naar zijn moeder. Ze was in de achtertuin.

The next morning, he woke up very early, jumped out of his bed, and ran looking for his mom. She was in the backyard.

"Mama," riep Jimmy. "Ik was degene die je bloemen heeft vernield, niet de aliens." Hij rende naar haar toe en gaf haar een knuffel.

"Mommy," Jimmy called. "I was the one who ruined your flowers, not the aliens." He ran over and hugged his mom.

Mama knuffelde terug en antwoordde: "Ik ben zo blij dat je de waarheid hebt verteld. Ik weet dat het niet makkelijk was en ik ben trots op je, Jimmy."

Mom hugged him back and replied, "I'm so happy that you told the truth. I know it wasn't easy, and I'm proud of you, Jimmy."

"Wees alsjeblieft niet verdrietig over de bloemen. We bedenken wel wat," zei Jimmy.

"Please don't be sad about the flowers. We'll think of something," said Jimmy.

Mama schudde haar hoofd. "Ik maakte me geen zorgen over de bloemen. Ik was verdrietig omdat je de waarheid niet vertelde."

Mom shook her head. "I was not worried about the flowers. I was sad about you not telling me the truth."

"Het spijt me, mama," zei Jimmy. "Ik zal niet meer liegen."

"I'm sorry, mom," said Jimmy. "I won't lie again."

Na het ontbijt gingen Jimmy en zijn vader nieuwe madeliefzaadjes kopen en de hele familie hielp mama om ze te planten.

After breakfast, Jimmy and his dad went to buy some daisy seedlings, and the whole family helped mom plant them.

Jimmy had geleerd dat het vertellen van de waarheid hem en zijn familie blij maakte. Daarom vertelt hij sinds die dag altijd de waarheid.

Jimmy learned that telling the truth makes him and his family happy. That's why from that day on, he always tells the truth.

www.ingramcontent.com/pod-product-compliance
Lightning Source LLC
Chambersburg PA
CBHW061138070526
44584CB00033B/4351